Impressum
Verlag: BABADADA GmbH, Nedderfeld 112 , 22529 Hamburg
Geschäftsführer / Verlagsleitung: Harald Hof
Druck: Books on Demand GmbH, In de Tarpen 42, 22848 Norderstedt

Imprint
Publisher: BABADADA GmbH, Nedderfeld 112 , 22529 Hamburg, Germany
Managing Director / Publishing direction: Harald Hof
Print: Books on Demand GmbH, In de Tarpen 42, 22848 Norderstedt

el colegio
lekol

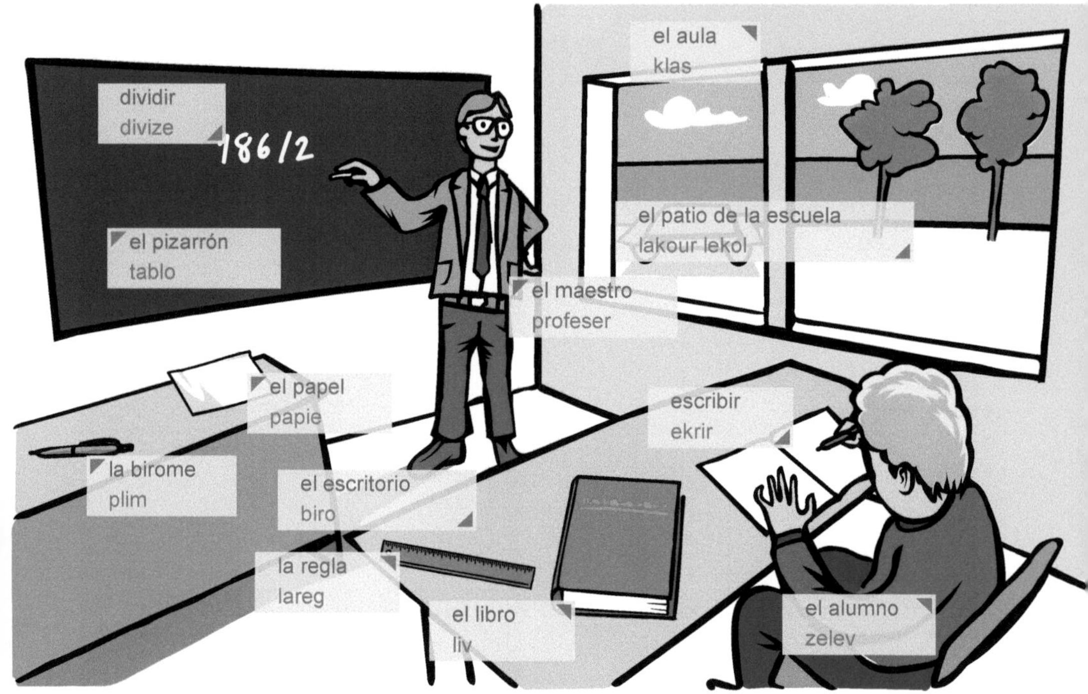
el aula
klas
dividir
divize
186/2
el patio de la escuela
lakour lekol
el pizarrón
tablo
el maestro
profeser
el papel
papie
escribir
ekrir
la birome
plim
el escritorio
biro
la regla
lareg
el libro
liv
el alumno
zelev

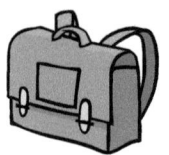

la mochila

sak lekol

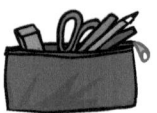

la caja de lápices

plimie

el lápiz

kreyon

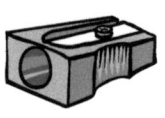

el sacapuntas

egizwar

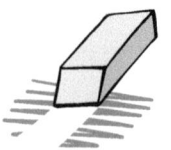

la goma (de borrar)

gom

el bloc de dibujo

kaye desin

el dibujo
desin

el pincel
pinso

la caja de pinturas
bwat lapintir

la tijera
sizo

el pegamento
lakol

el cuaderno de ejercicios
kaye devwar

la tarea
devwar

12

el número
nimero

2+2

sumar
azoute

5-2

restar
retire

2×2

multiplicar
miltipliye

calcular
kalkile

A

la letra
let

ABCDEFG HIJKLMN OPQRSTU VWXYZ

el abecedario
alfabet

hello

la palabra
mo

el texto

text

leer

lir

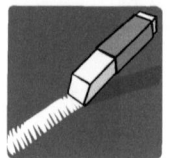

la tiza

lakre

la lección

leson

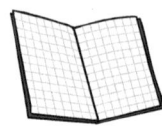

el cuaderno de clase

rezis

el examen

lexame

el certificado

sertifika

el uniforme escolar

iniform lekol

la educación

ledikasion

la enciclopedia

lansiklopedi

la universidad

liniversite

el microscopio

mikroskop

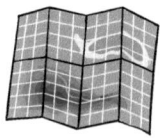

el mapa

map

el tacho (de basura)

poubel

el viaje

vwayaz

el hotel
lotel
Grand
el hostel
loberz
ROOMS
la casa de cambio
biro sanz
la valija
valiz
el auto
loto

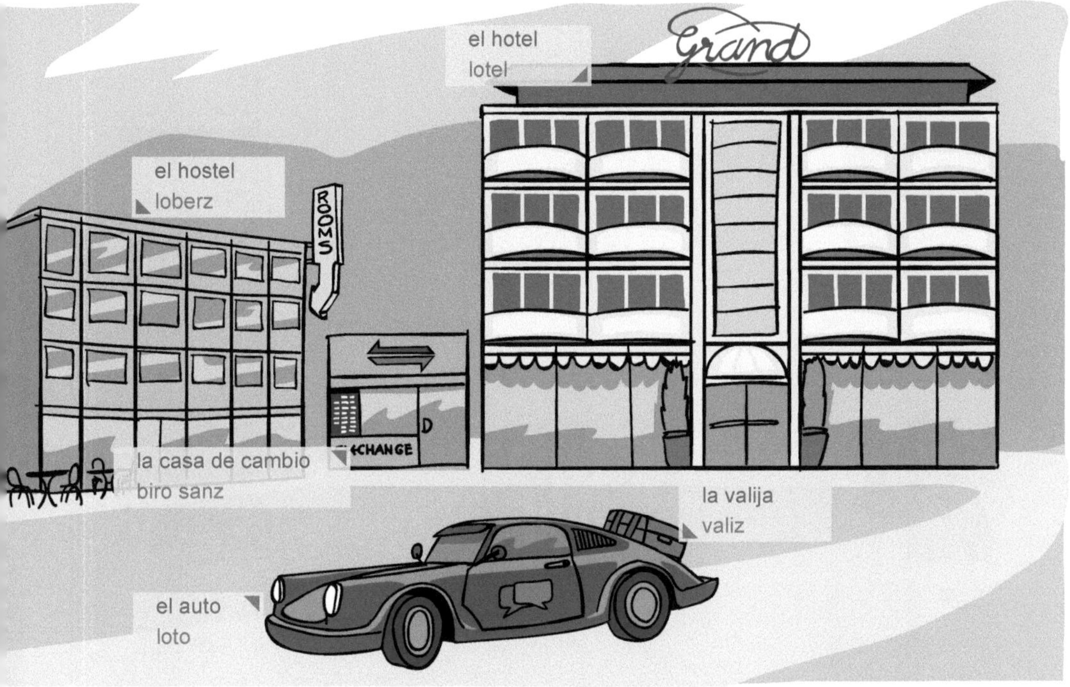

el idioma

langaz

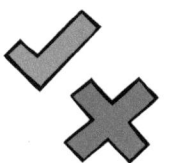

sí / no

wi / non

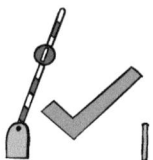

Está bien

okay

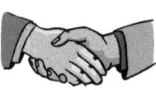

hola

Alo

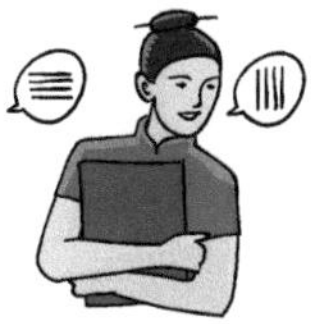

el traductor

tradikter

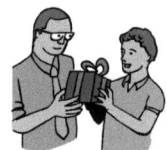

Gracias

Mersi

¿cuánto cuesta...?

komie sa..?

No entiendo

Mo pa pe konpran

el problema

problem

¡Buenas tardes!

Bonswar!

¡Buenos días!

Bonzour!

¡Buenas noches!

Bonn nwi!

el adiós

o-revwar

la dirección

direksion

el equipaje

bagaz

el bolso

sak

la mochila

sak-a-do

el invitado

ot

la habitación

pies

la bolsa de dormir

sak kousaz

la carpa

latant

la información turística

lofis tourism

la playa

laplaz

la tarjeta de crédito

kart kredi

el desayuno

ti-dezene

el almuerzo

dezene

la cena

dine

el pasaje

biye

el ascensor

lasanser

el sello

tem

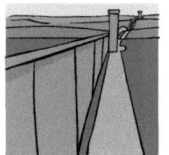

la frontera

frontier

la aduana

ladwann

la embajada

lanbasad

la visa

viza

el pasaporte

paspor

el transporte

transpor

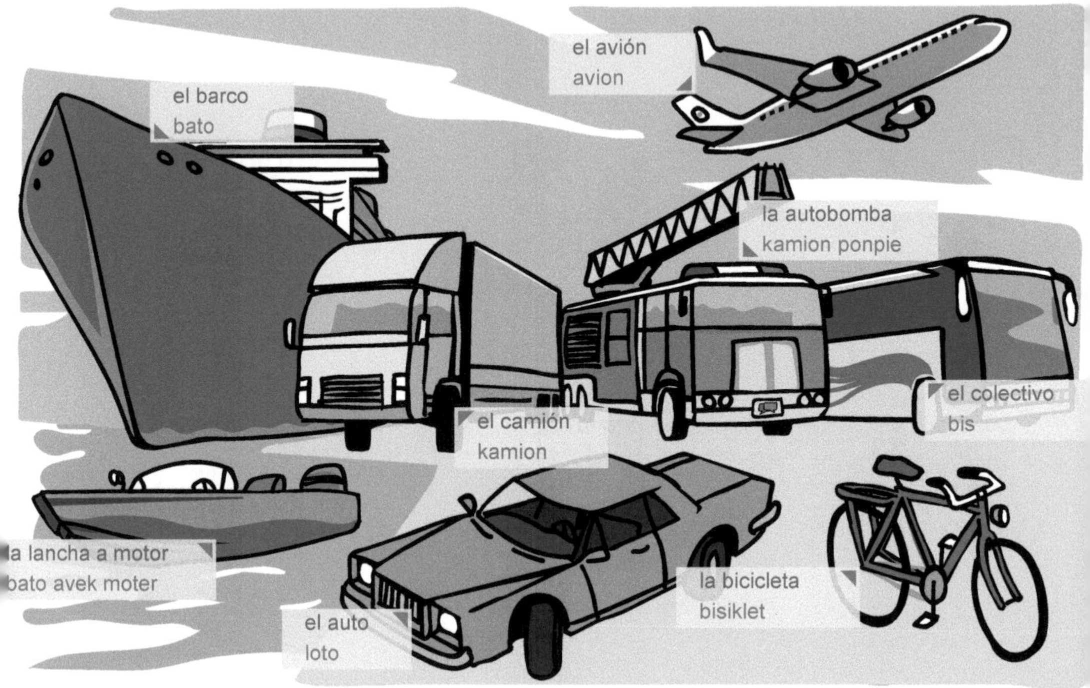
el avión
avion
el barco
bato
la autobomba
kamion ponpie
el colectivo
bis
el camión
kamion
la lancha a motor
bato avek moter
la bicicleta
bisiklet
el auto
loto

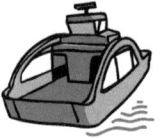

el ferry

feri

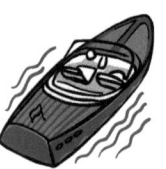

el bote

bato

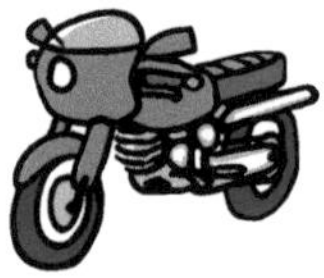

la moto

motosiklet

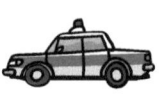

el patrullero

loto lapolis

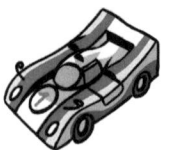

el auto de carreras

loto lekours

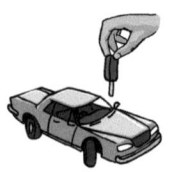

el auto de alquiler

loto lokasion

el alquiler de autos

ko-vwatiraz

la grúa

kamion towing

el camión de la basura

kamion salte

el motor

moter

la nafta

lesans

la estación de servicio

filing

la señal de tránsito

pano indikasion

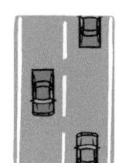

el tránsito

trafik

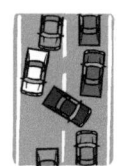

el embotellamiento

anbouteyaz

el estacionamiento

parking

la estación de tren

stasion trin

las vías

ray

el tren

trin

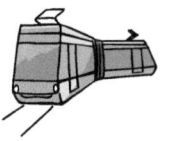

el tranvía

tram

el vagón

vagon

el helicóptero
elikopter

el aeropuerto
aeropor

la torre
towing

el pasajero
pasaze

el contenedor
kontener

la caja de cartón
karton

la carretilla
sario

la canasta
panie

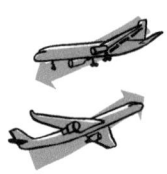

despegar / aterrizar
dekole / aterir

la ciudad
lavil

el pueblo
vilaz

el centro de la ciudad
sant-vil

la casa
lakaz

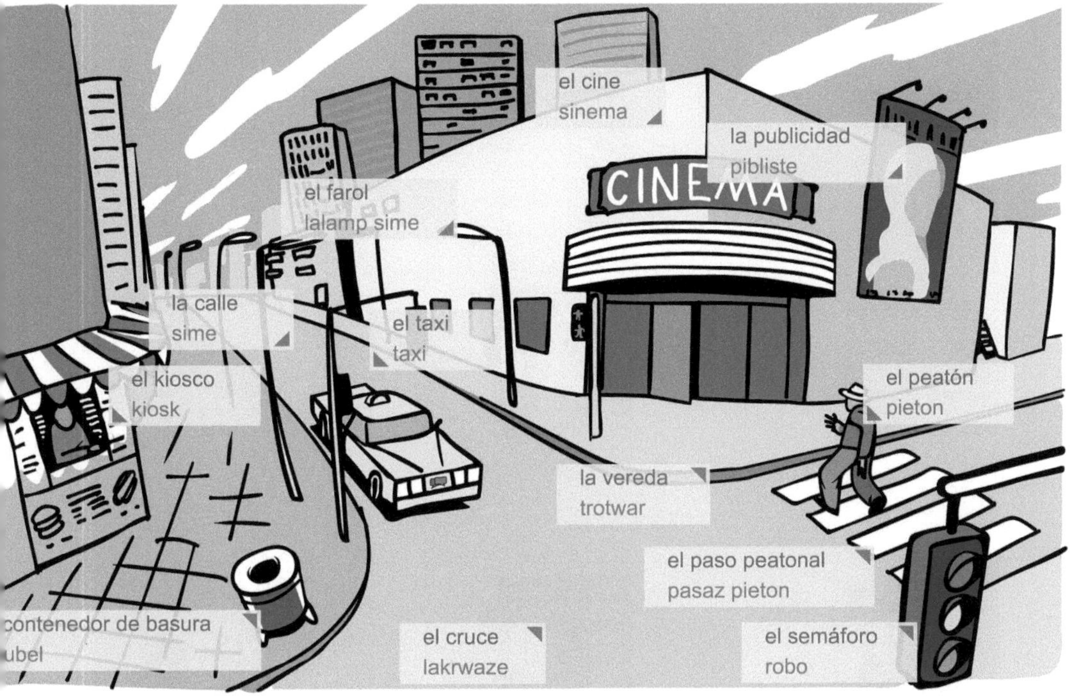

el cine
sinema
la publicidad
pibliste
CINEMA
el farol
lalamp sime
la calle
sime
el taxi
taxi
el kiosco
kiosk
el peatón
pieton
la vereda
trotwar
el paso peatonal
pasaz pieton
contenedor de basura
ubel
el cruce
lakrwaze
el semáforo
robo

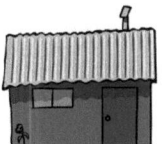

la cabaña

kabann

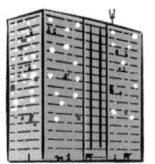

el departamento

flat

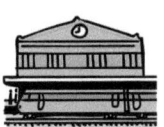

la estación de tren

stasion trin

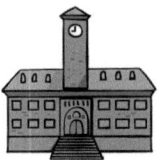

la municipalidad

minisipalite

MUSEUM

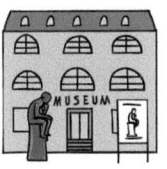

el museo

mize

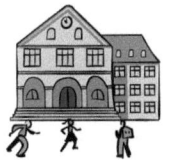

el colegio

lekol

la universidad

liniversite

el banco

labank

el hospital

lopital

el hotel

lotel

la farmacia

farmasi

la oficina

biro

la librería

libreri

el negocio

magazin

la florería

fleris

el supermercado

sipermarse

el mercado

bazar

las grandes tiendas

gran magazin

la pescadería

pwasonnri

el centro comercial

sant komersial

el puerto

lepor

el parque

park

el banco

labank

el puente

pon

las escaleras

leskalie

el subte

metro

el túnel

tinel

la parada del colectivo

bistop

el bar

bar

el restaurante

restoran

el buzón

bwat-a-let

el letrero

pano

el parquímetro

parkmet

el zoológico

zoo

la pileta

pisinn

la mezquita

moske

la granja
laferm

la contaminación
polision

el cementerio
simitier

la iglesia
legliz

los juegos infantiles
lespas pou zwe

el templo
tanp

el paisaje
peizaz

la hoja
fey

el poste indicador
pano indikasion

el camino
sime

la pradera
preri

la piedra
ros

el excursionista
randonner

el árbol
pie

el río
larivier

la hierba
lerb

la flor
fler

el valle
lavale

la montaña
kolinn

el lago
lak

el bosque
bwa

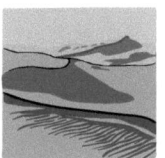

el desierto
dezer

el volcán
volkan

el castillo
sato

el arco iris
larkansiel

el champiñón
sanpinion

la palmera
palmie

el mosquito
moutik

la mosca
mous

la hormiga
fourmi

la abeja
abey

la araña
zarenie

el paisaje - peizaz

el escarabajo

koksinel

la rana

grenouy

la ardilla

ekirey

el erizo

erison

la liebre

lapin

la lechuza

ibou

el pájaro

zwazo

el cisne

sign

el jabalí

sangliye

el ciervo

serf

el alce

elan

la presa

dam

el aerogenerador

eolienn

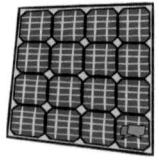

el panel solar

pano soler

el clima

klima

el restaurante
restoran

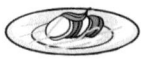

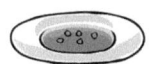

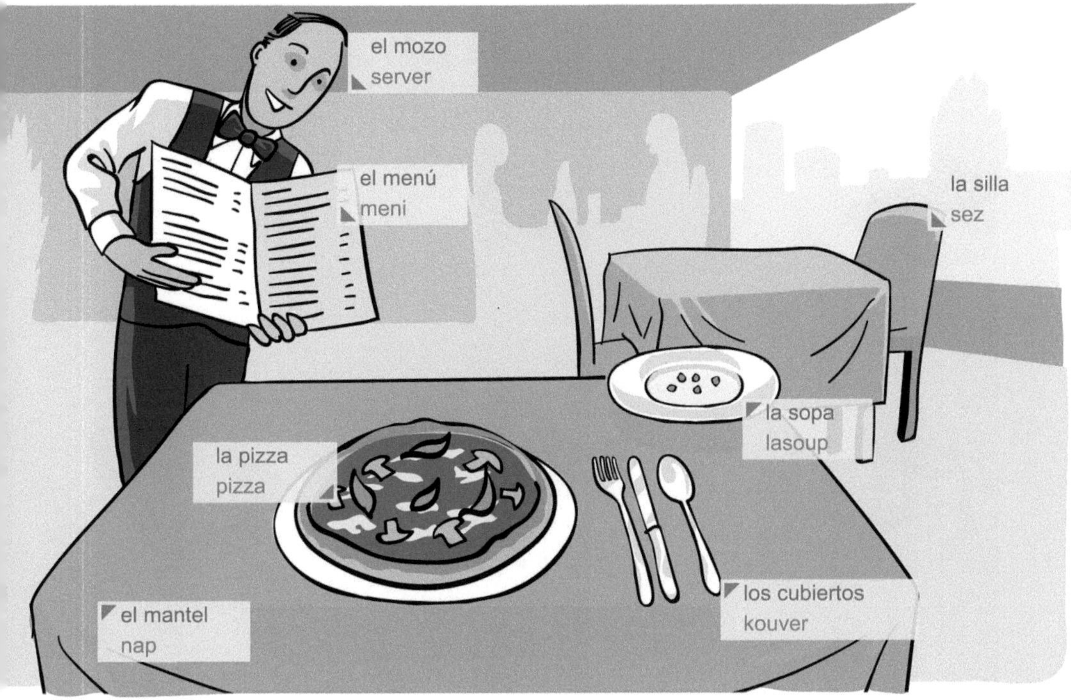
el mozo
server
el menú
meni
la silla
sez
la sopa
lasoup
la pizza
pizza
los cubiertos
kouver
el mantel
nap

la entrada

lantre

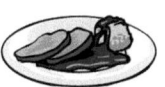

el plato principal

pla prinsipal

el postre

deser

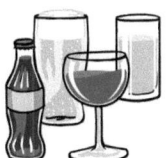

las bebidas

labwason

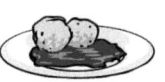

la comida

manze

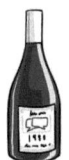

la botella

boutey

la comida rápida

fast food

la comida callejera

take-away

la tetera

teyer

la azucarera

po disik

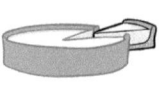

la porción

porsion

la cafetera expreso

masinn expresso

la sillita alta

sez-ot

la cuenta

bill

la bandeja

plato

el cuchillo

kouto

el tenedor

fourset

la cuchara

kwiyer

la cucharita

ti-kwiyer

la servilleta

serviet

el vaso

ver

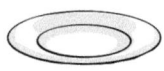

el plato

lasiet

el plato hondo

lasiet

el plato

soukoup

la salsa

lasos

el salero

po disel

el molinillo de pimienta

moulin dipwav

el vinagre

vineg

el aceite

delwil

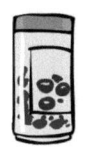 

las especias

zepis

el kétchup

ketchup

la mostaza

lamoutard

la mayonesa

mayonez

el supermercado
sipermarse

la oferta especial
promosion
FOR
el cliente
klian
los lácteos
prodwi a baz dile
la fruta
frwi
el changuito
trole

BUTCHERS

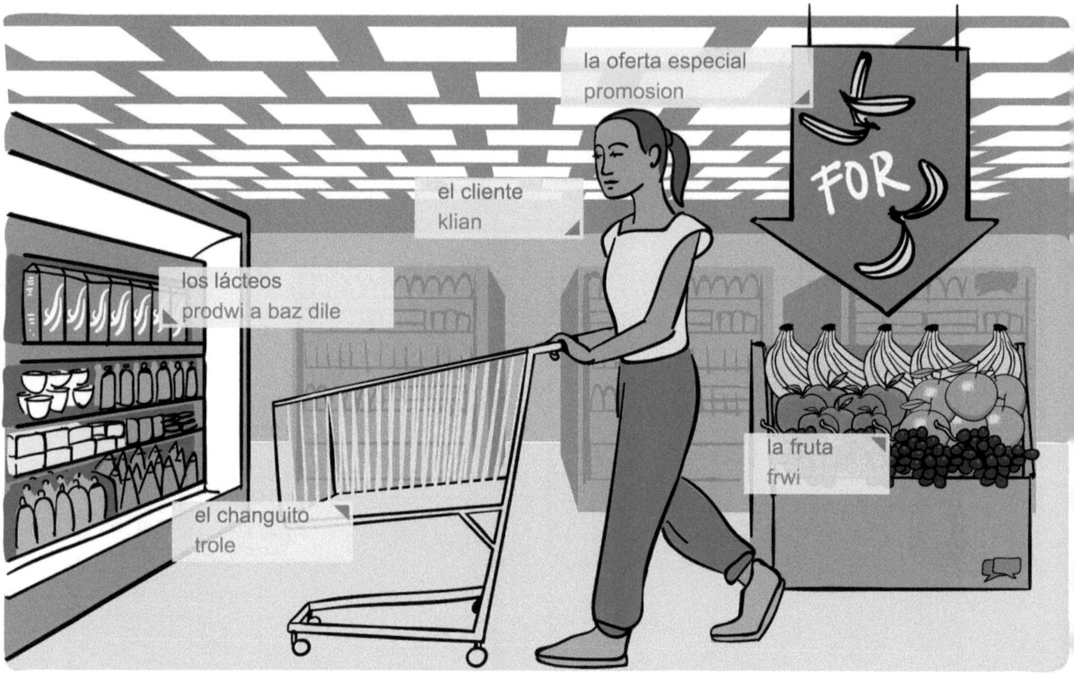

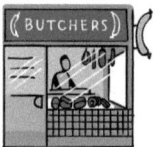

la carnicería

bousri

BAKERY

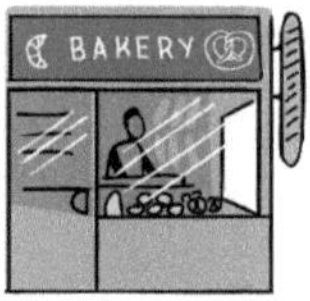

la panadería

boulanzri

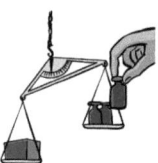

pesar

peze

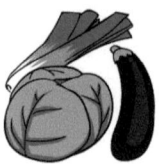

las verduras

legim

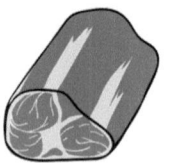

la carne

laviann

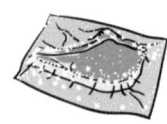

los alimentos congelados

aliman konzele

los fiambres

sarkitri

los alimentos enlatados

bwat konserv

el detergente en polvo

lapoud masinn

las golosinas

bonbon

los electrodomésticos

komision

los productos de limpieza

deterzan

la vendedora

vandez

la caja

lakes

el cajero

kesie

la lista de compras

lalis komision

el horario de atención

ouvertir

la billetera

portfey

la tarjeta de crédito

kart kredi

la cartera

sak

la bolsa de plástico

sak plastik

el agua

delo

el jugo

zi

la leche

dile

la bebida cola

coca

el vino

divin

la cerveza

labier

el alcohol

lalkol

el cacao

sokola so

el té

dite

el café

kafe

el café expreso

expresso

el cappuccino

cappuccino

la banana

banann

la manzana

pom

la naranja

zoranz

el melón

melon

el limón

sitron

la zanahoria

karot

el ajo

lay

el bambú

banbou

la cebolla

zwayon

el champiñón

sanpiyon

las nueces

nwazet

los fideos

minn

los tallarines

spageti

el arroz

diri

la ensalada

salad

las papas fritas

chips

las papas fritas

pomdeter frir

la pizza

pizza

la hamburguesa

burger

el sándwich

sandwich

el churrasco

eskalop

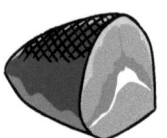

el jamón

zanbon

el salame

salami

la salchicha

sosis

el pollo

poul

el asado

roti

el pescado

pwason

los copos de avena

oatmeal

el muesli

muesli

los copos de maíz

kornbif

la harina

lafarinn

la medialuna

krwasan

el pancito

ti-dipin

el pan

dipin

la tostada

dipin griye

las galletitas

biskwi

la manteca

diber

la cuajada

fromaz blan

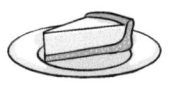

la torta

gato

el huevo

dizef

el huevo frito

dizef frir

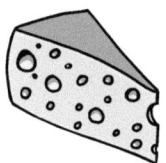

el queso

fromaz

el helado

sorbe

el azúcar

disik

la miel

dimiel

la mermelada

konfitir

la pasta de chocolate

nouga

el curry

kari

la comida - manze

la granja
laferm

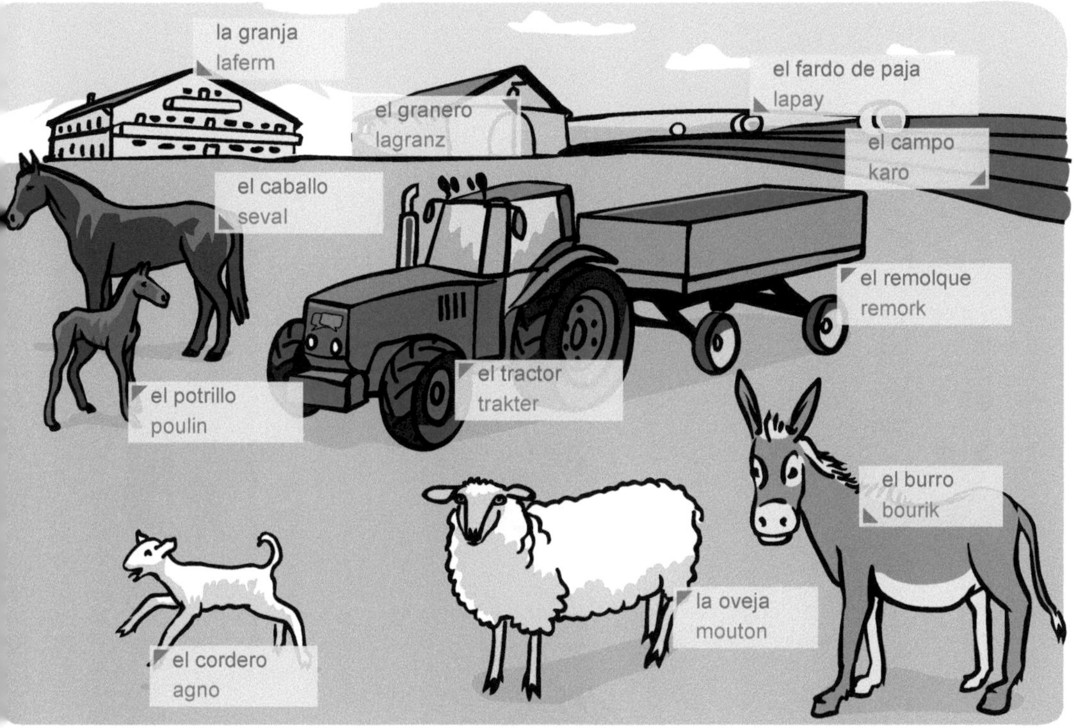

la granja
laferm
el granero
lagranz
el fardo de paja
lapay
el campo
karo
el caballo
seval
el remolque
remork
el tractor
trakter
el potrillo
poulin
el burro
bourik
la oveja
mouton
el cordero
agno

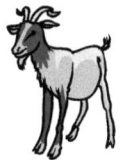

la cabra
kabri

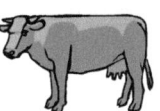

la vaca
vas

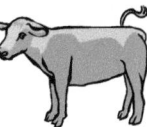

el ternero
vo

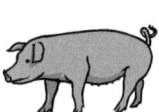

el cerdo
koson

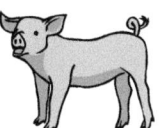

el lechón
ti-koson

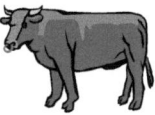

el toro
toro

el ganso

lezwa

el pato

kanar

el pollo

pousin

la gallina

poul

el gallo

kok

la rata

lera

el gato

sat

el ratón

souri

el buey

bef

el perro

lisien

la cucha

lakaz lisien

la manguera

tiyo

la regadera

arozwar

la guadaña

laserp

el arado

saret

la hoz

fosi

la azada

pios

la horquilla

fours

el hacha

lars

la carretilla

bouret

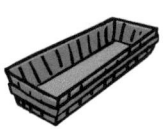

el abrevadero

kiv

la lechera

bwat dile

la bolsa

sak

la reja

fencing

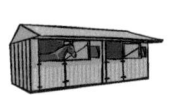

el establo

letab

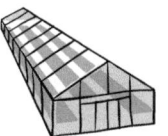

el invernadero

laser

el suelo

later

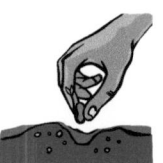

la semilla

lagrin

el fertilizador

langre

la cosechadora

masinn pou fer rekolt

cosechar

rekolte

la cosecha

rekolt

las batatas

ignam

el trigo

dible

la soja

soya

la papa

pomdeter

el maíz

may

la semilla de colza

colza

el árbol frutal

zarb frwitie

la mandioca

maniok

los cereales

sereal

30   la granja - laferm

la casa
lakaz

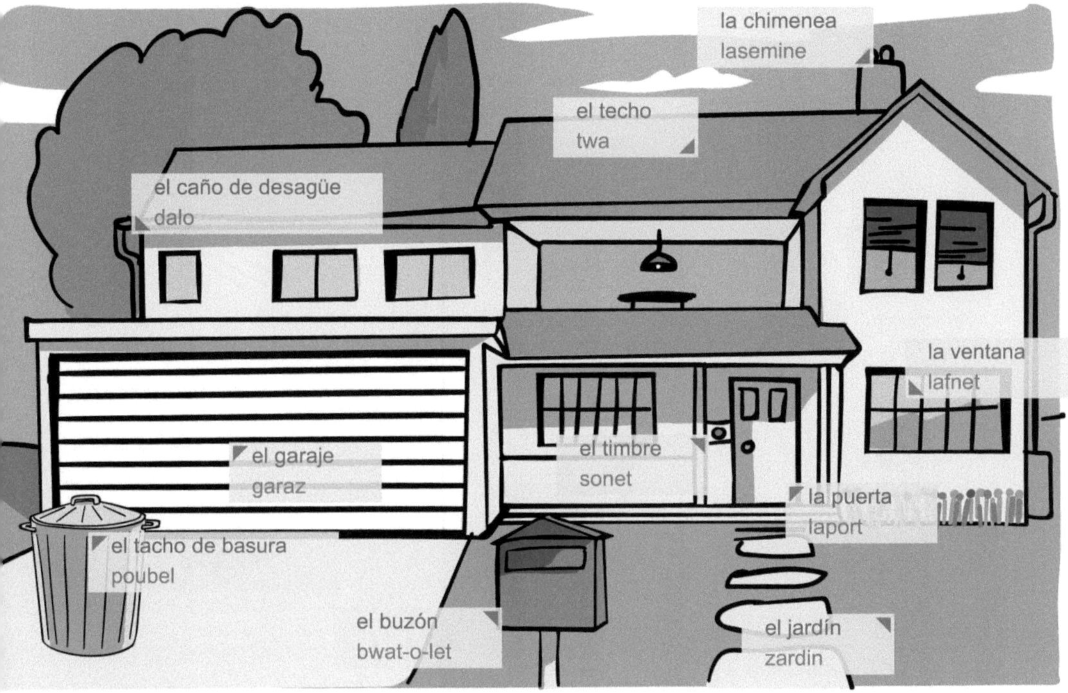

la chimenea
lasemine
el techo
twa
el caño de desagüe
dalo
la ventana
lafnet
el garaje
garaz
el timbre
sonet
la puerta
laport
el tacho de basura
poubel
el buzón
bwat-o-let
el jardín
zardin

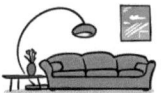

el living

salon

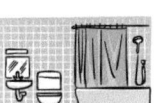

el baño

saldebin

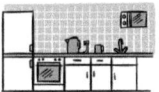

la cocina

lakwizinn

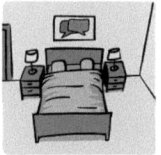

el dormitorio

lasam

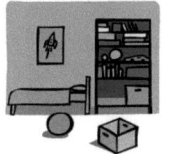

el cuarto de los chicos

lasam zanfan

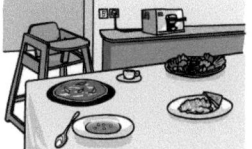

el comedor

salamanze

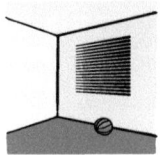

el piso

sali

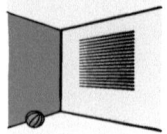

la pared

miray

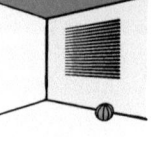

el cielorraso

plafon

el sótano

lakav

el sauna

sona

el balcón

balkon

la terraza

teras

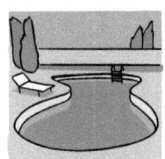

la pileta

pisinn

la cortadora de pasto

masinn koup gazon

la sábana

dra

el acolchado

kwet

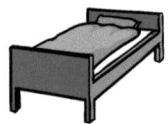

la cama

lili

la escoba

balie

el balde

seo

el interruptor

take lalimier

el living
salon

el empapelado
papie-pin
la imagen
foto
la lámpara
lalamp
el estante
letazer
el armario
larmwar
la televisión
televizion
la chimenea
lasemine
la flor
fler
el almohadón
kousin
el sofá
sofa
el florero
vaz
el control remoto
rimot-kontrol

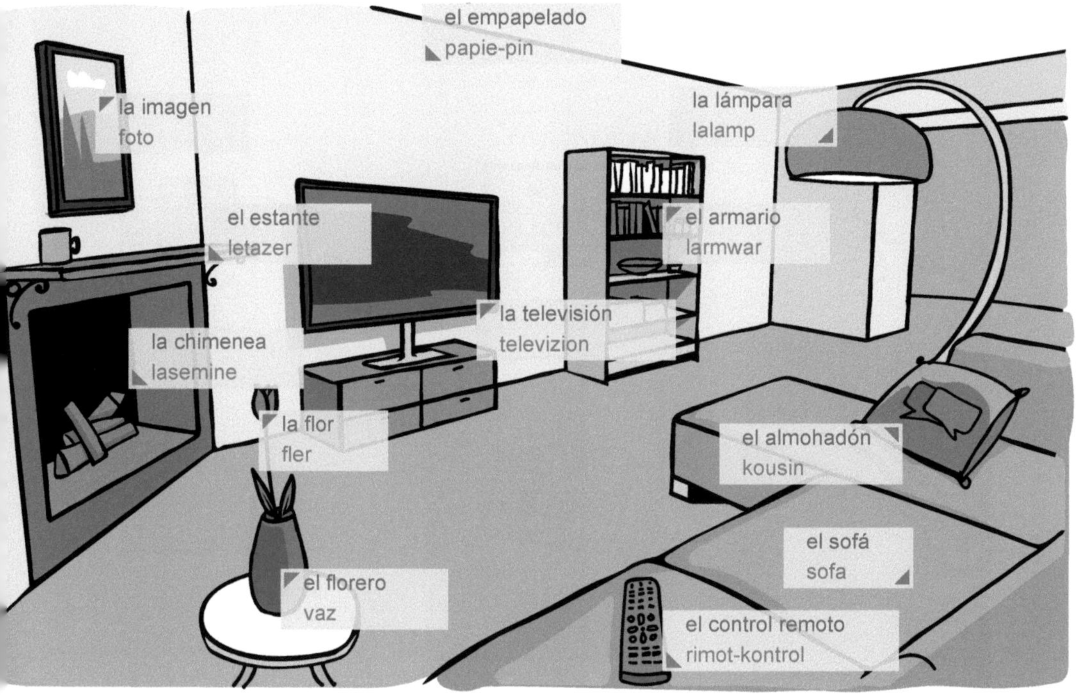

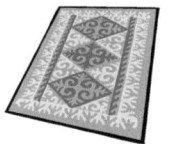

la alfombra

tapi

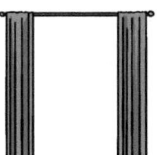

la cortina

rido

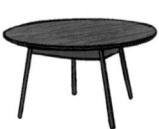

la mesa

latab

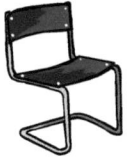

la silla

sez

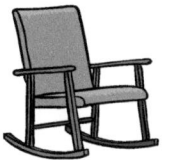

la mecedora

rocking chair

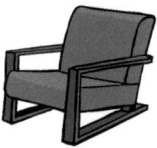

el sillón

fotey

el libro

liv

la frazada

kouvertir

la decoración

dekorasion

la leña

dibwa foye

la película

fim

el equipo de música

hi-fi

la llave

lakle

el diario

zournal

la pintura

lapintir

el póster

poster

la radio

radio

el cuaderno

bloknot

la aspiradora

laspirater

el cactus

kaktis

la vela

labouzi

la cocina
lakwizinn

la heladera
frizider
el microondas
mikro-ond
la balanza de cocina
balans
la tostadora
toaster
el detergente
deterzan
el horno
four
el freezer
frizer
el tacho de basura
poubel
el lavaplatos
lav-vesel

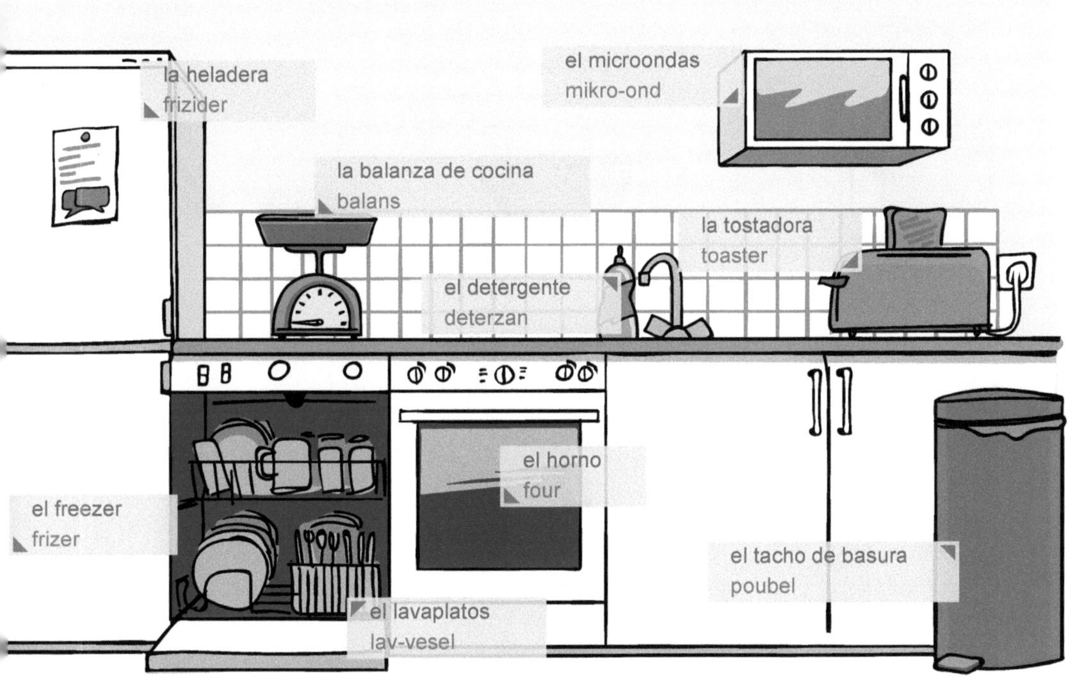

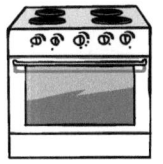

la cocina

four

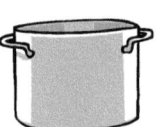

la olla

kasrol

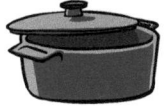

la olla de hierro fundido

marmit

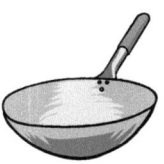

el wok

wok

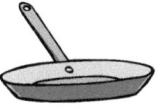

la sartén

pwal

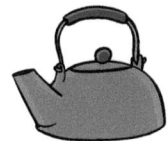

la pava

boulwar

la vaporera
....
steamer

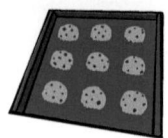

la bandeja de horno
....
plak kwison

la vajilla
....
vesel

la taza
....
goble

el bol
....
bol

los palitos
....
baget sinwa

el cucharón
....
lous

la espátula
....
spatil

la batidora
....
fwet

el colador
....
paswar

el colador
....
tami

el rallador
....
larap

el mortero
....
mortie

la parrilla
....
griyad

la fogata
....
lasemine

la tabla de picar
biyo

el palo de amasar
roulo

el sacacorchos
tirbouson

la lata
bwat konserv

el abrelatas
ouvbwat

la manopla
legan proteksion

la pileta
lavabo

el cepillo
bros

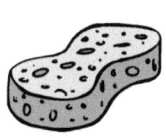

la esponja
leponz

la batidora
blender

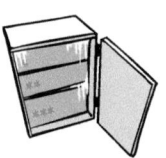

el congelador
konzelater

la mamadera
bibron

la canilla
robine

el baño
saldebin

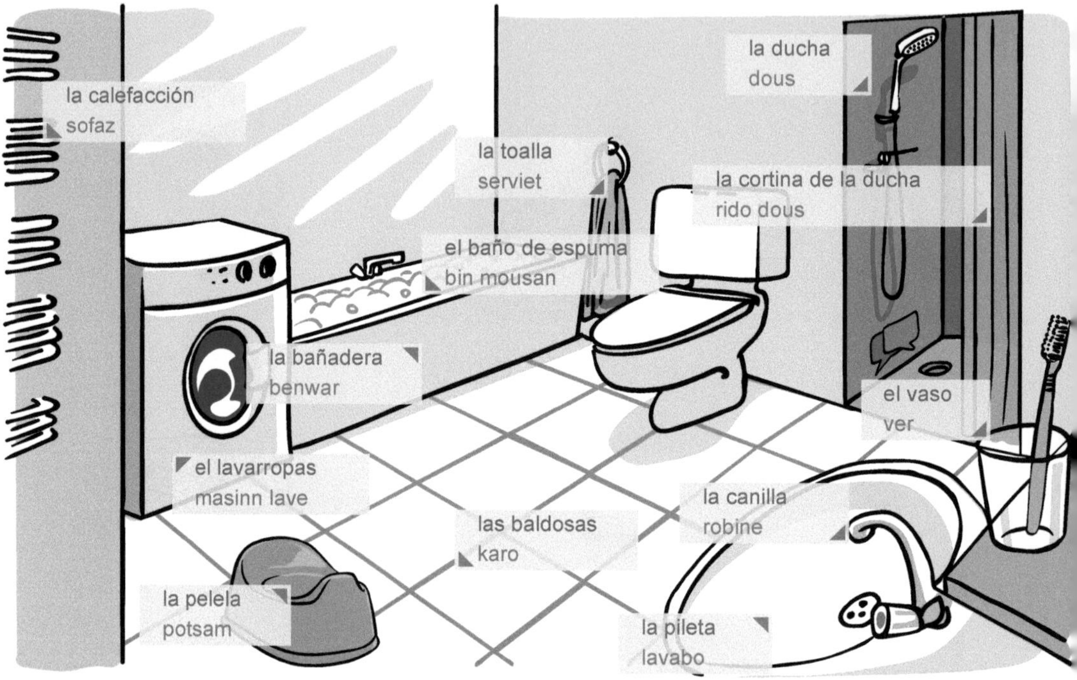

la calefacción
sofaz
la ducha
dous
la toalla
serviet
la cortina de la ducha
rido dous
el baño de espuma
bin mousan
la bañadera
benwar
el vaso
ver
el lavarropas
masinn lave
la canilla
robine
las baldosas
karo
la pelela
potsam
la pileta
lavabo

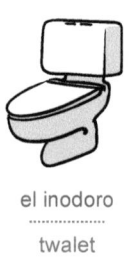

el inodoro

twalet

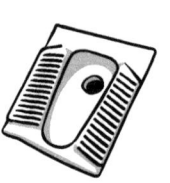

la letrina

twalet

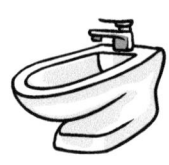

el bidé

bide

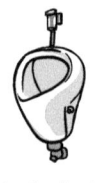

el mingitorio

piswar

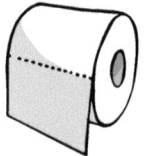

el papel higiénico

papie twalet

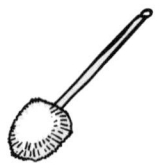

el cepillo para el inodoro

bros twalet

el cepillo de dientes

bros ledan

el dentífrico

dantifris

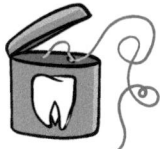

el hilo dental

fil danter

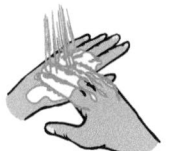

lavar

lave

la ducha de mano

ti-bin

la ducha higiénica

dous

la palangana

basin

el cepillo para la espalda

bros ledo

el jabón

savon

el gel de ducha

zel dous

el shampoo

sanpwin

la toallita

gandebin

el desagüe

drin

la crema

lakrem

el desodorante

deodoran

el espejo

mirwar

el espejito

mirwar

la maquinita de afeitar

razwar

la espuma de afeitar

lamous pou raze

el aftershave

apre-razaz

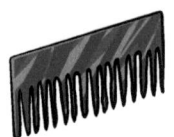

el peine

pengn

el cepillo

bros

el secador de pelo

seswar

el spray

lak

el maquillaje

makiyaz

el lápiz de labios

dirouz

el esmalte para uñas

verni

el algodón

cotton wool

la tijera para uñas

tay-zong

el perfume

parfin

el portacosméticos

trous twalet

la banqueta

stoul

la balanza

balans

la bata

penwar

los guantes de goma

legan netwayaz

el tampón

tanpon

la toallita femenina

serviet izienik

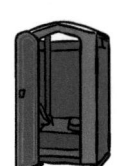

el baño químico

twalet simik

el cuarto de los chicos
lasam zanfan

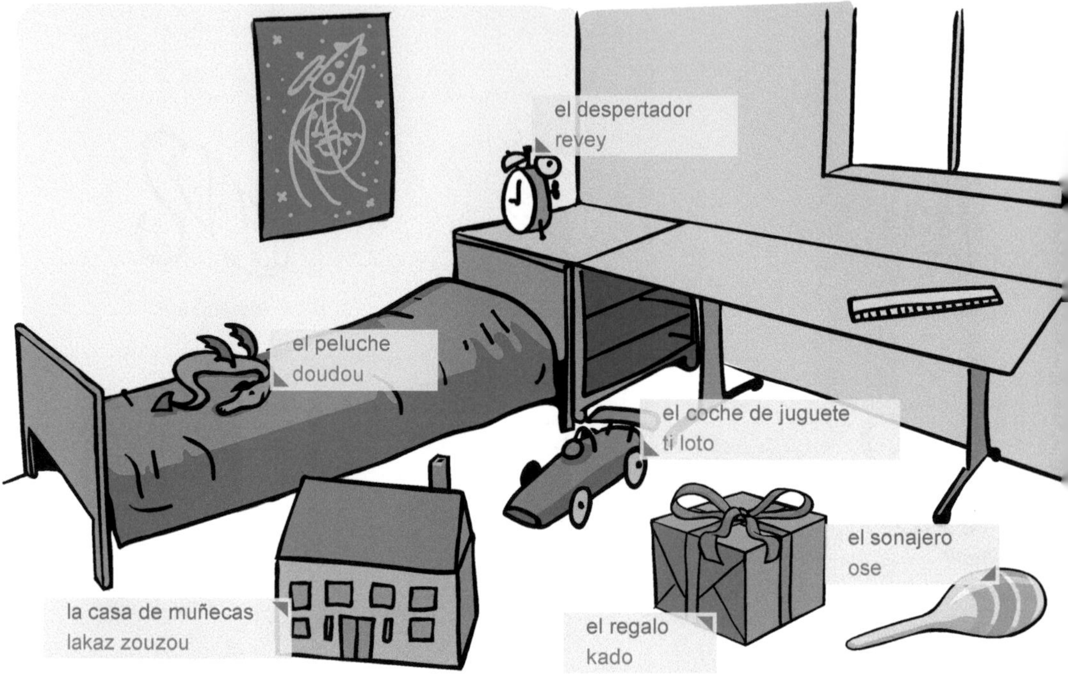
el despertador
revey
el peluche
doudou
el coche de juguete
ti loto
el sonajero
ose
la casa de muñecas
lakaz zouzou
el regalo
kado

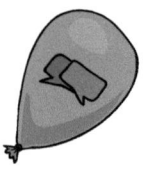

el globo

balon

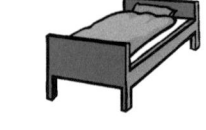

la cama

lili

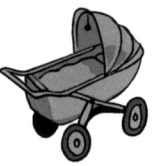

el cochecito

pouset

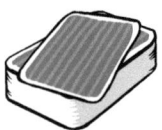

las cartas

kart

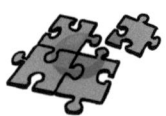

el rompecabezas

puzzle

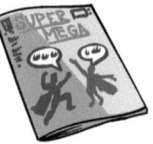

la historieta

tikomik

las piezas de lego

lego

los ladrillos de juguete

lego

la figura de acción

figirinn

el enterito (de bebé)

grenouyer

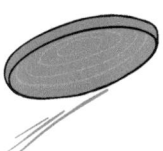

el frisbee

frisbee

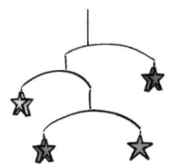

el móvil para bebés

mobil

el juego de mesa

zwe

los dados

lede

el tren eléctrico

trin zouzou

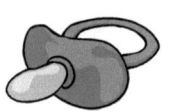

el chupete

siset

la fiesta

fet

el libro de cuentos ilustrado

liv ek zimaz

la pelota

boul

la muñeca

poupet

jugar

zwe

el arenero

bak-a-sab

la hamaca

balanswar

los juguetes

zouzou

la consola de videojuegos

game

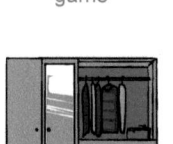

el triciclo

trisik

el osito de peluche

nounours

el armario

larmwar

la ropa

linz

las medias

soset

las medias panty

leba

las calzas

kolan

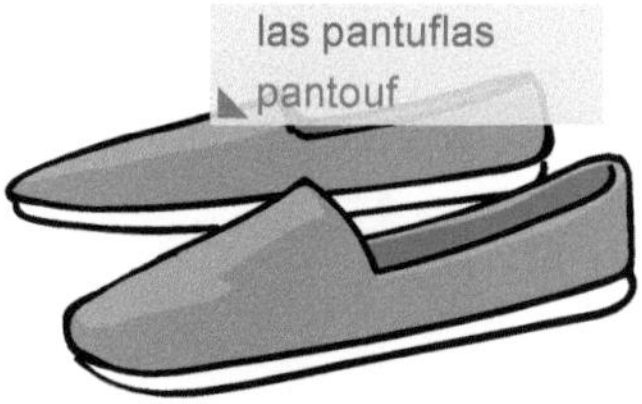

la bufanda
esarp

el paraguas
parapli

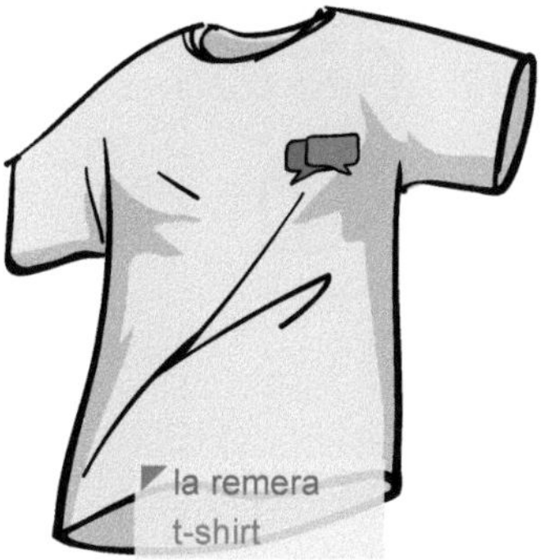

la remera
t-shirt

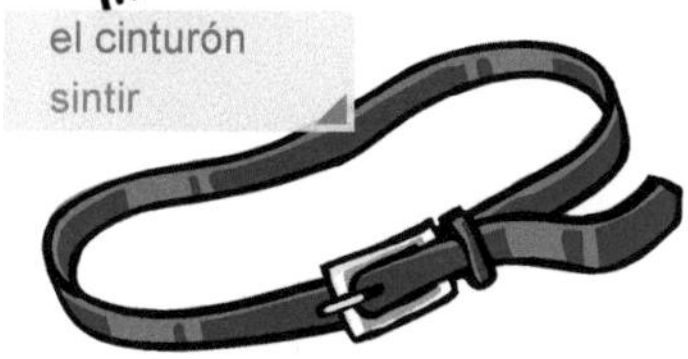

el cinturón
sintir

la remera
t-shirt

las zapatillas
tenis

las botas
bot

las pantuflas
pantouf

las sandalias
·············
sandalet

los zapatos
·············
soulie

las botas de goma
·············
bot an karotsou

la ropa interior
·············
souvetman

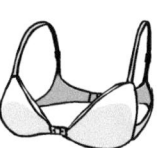

el corpiño
·············
soutiengorz

el chaleco
·············
vest

el body
body

los pantalones
pantalon

los jeans
jeans

la pollera
zip

la blusa
blouz

la camisa
simiz

el pulóver
pull-over

el buzo
blouzon ek kapison

el blazer
vest

la campera
jaket

el tapado
manto

el piloto
pardesi

el traje
kostim

el vestido
rob

el vestido de novia
rob lamarye

el traje

kostim

el camisón

robdesam

el pijama

pizama

el sari

sari

el pañuelo para la cabeza

foular

el turbante

tirban

la burka

bourka

el caftán

kaftan

la abaya

abaya

el traje de baño

mayo de bin

el short de baño

mayo de bin

los shorts

sorti de sekour

el jogging

linz spor

el delantal

tabliye

los guantes

legan

el botón
bouton

los anteojos
linet

la pulsera
brasle

el collar
kolie

el anillo
bag

el aro
zanon

la gorra
bone

la percha
sint

el sombrero
sapo

la corbata
kravat

el cierre
fermetirekler

el casco
elmet

los tiradores
bretel

el uniforme escolar
iniform lekol

el uniforme
iniform

el babero
bavwar

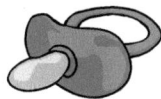

el chupete
siset

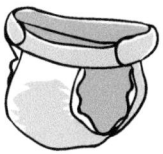

el pañal
lanz

la oficina
biro

el servidor
server

el archivero
larmwar arsiv

la impresora
printer

el monitor
lekran

el papel
papie

el escritorio
biro

el mouse
mouse

la carpeta
klaser

el teclado
klavie

el tacho (de basura)
poubel

la silla
sez

la computadora
ordinater

la taza de café
mug

la calculadora
kalkilatris

el internet
internet

la laptop

laptop

la carta

let

el mensaje

mesaz

el celular

portab

la red

rezo

la fotocopiadora

fotokopi

el software

lozisiel

el teléfono

telefonn

el tomacorriente

priz

el fax

fax

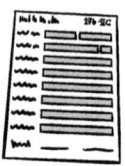

el formulario

form

el documento

dokiman

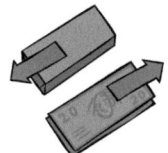

comprar

aste

pagar

peye

hacer negocios

fer biznes

el dinero

larzan

el dólar

dolar

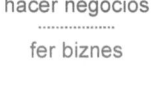

el euro

euro

el yen

yen

el rublo

rouble

el franco suizo

fran swis

el yuan

renminbi yuan

la rupia

roupi

el cajero automático

distribiter biye

la casa de cambio

biro sanz

el oro

lor

la plata

larzan

el petróleo

petrol

la energía

lenerzi

el precio

pri

el contrato

kontra

el impuesto

tax

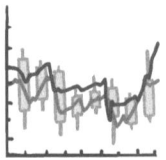

la acción

aksion

trabajar

travay

el empleado

anplwaye

el empleador

anplwayer

la fábrica

lizinn

el negocio

magazin

las ocupaciones
travay

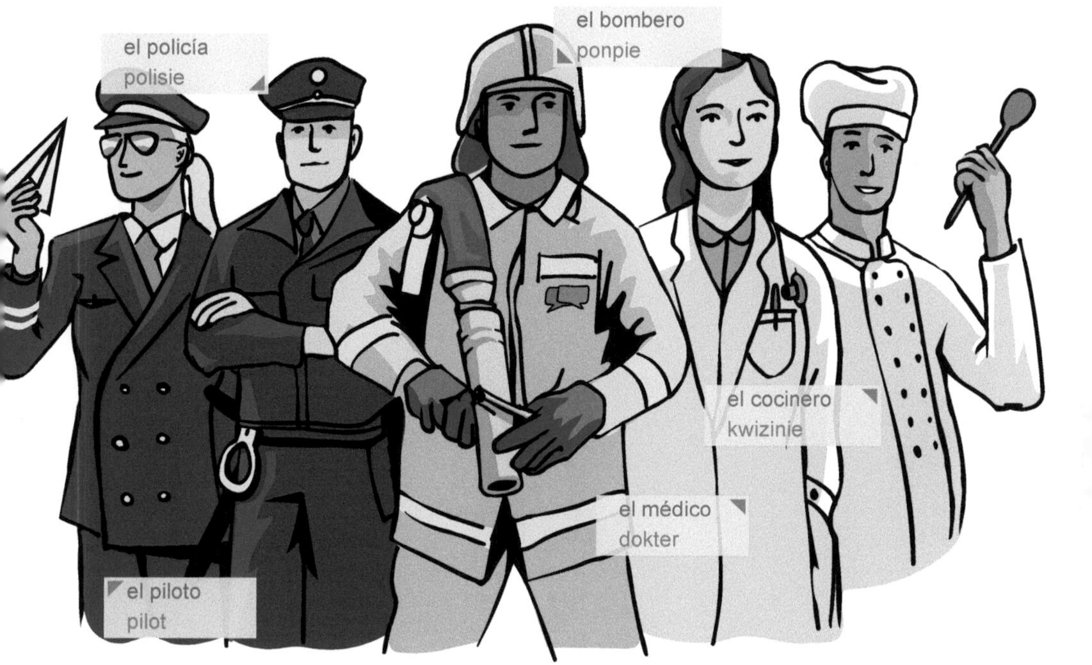
el policía
polisie
el bombero
ponpie
el cocinero
kwizinie
el médico
dokter
el piloto
pilot

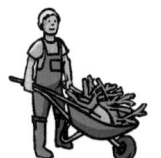

el jardinero

zardinie

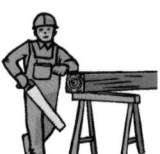

el carpintero

sarpantie

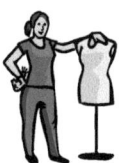

la modista

koutirier

el juez

ziz

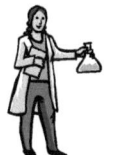

el farmacéutico

simis

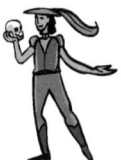

el actor

akter

el colectivero

sofer bis

el taxista

sofer taxi

el pescador

peser

la mucama

bonn

el techista

zouvriye twa lakaz

el mozo

server

el cazador

saser

el pintor

pint

el panadero

boulanze

el electricista

elektrisien

el albañil

zouvriye

el ingeniero

inzenier

el carnicero

bouse

el plomero

plonbie

el cartero

fakter

las ocupaciones - travay

el soldado

solda

el arquitecto

arsitek

el cajero

kesie

el florista

fleris

el peluquero

kwafez

el cobrador

chek

el mecánico

mekanisien

el capitán

kapitenn

el dentista

dantis

el científico

siantis

el rabino

rabi

el imán

imam

el monje

mwann

el sacerdote

pret

las herramientas

zouti

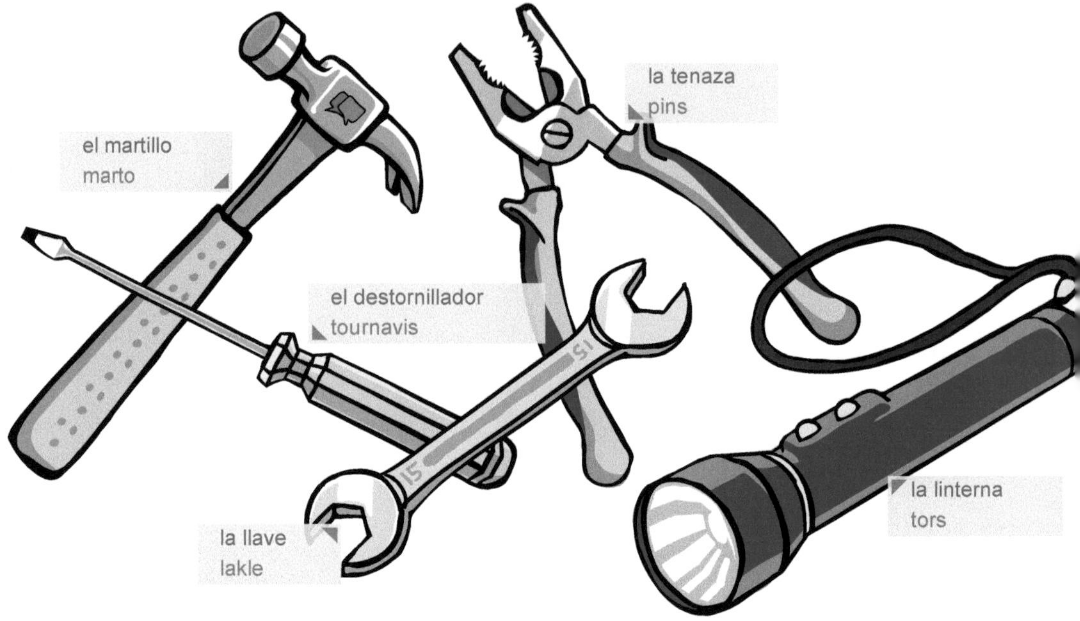

el martillo
marto
la tenaza
pins
el destornillador
tournavis
la llave
lakle
la linterna
tors

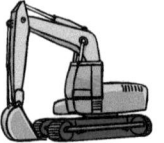

la excavadora

peltez

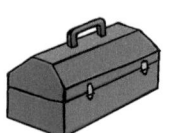

la caja de herramientas

bwat zouti

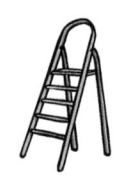

la escalera portátil

lesel

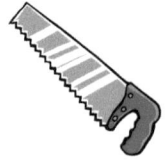

la sierra

lasi

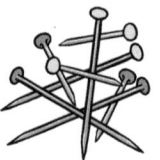

los clavos

koulou

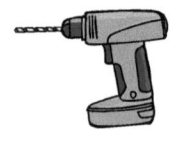

el taladro

persez

arreglar

aranze

la pala de jardín

lapel

¡Qué bronca!

Ayo!

la pala de plástico

lapel

el tacho de pintura

po lapintir

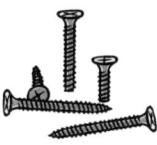

los tornillos

vis

los instrumentos musicales
instriman lamizik

el parlante
o-parler

la batería
batri

el contrabajo
kontrebas

la trompeta
tronpet

la guitarra
lagitar

el piano

piano

el violín

violon

el bajo

bas

los timbales

tinbal

el tambor

tanbour

el teclado

klavie

el saxofón

saxofonn

la flauta

laflit

el micrófono

mikro

el zoológico

zoo

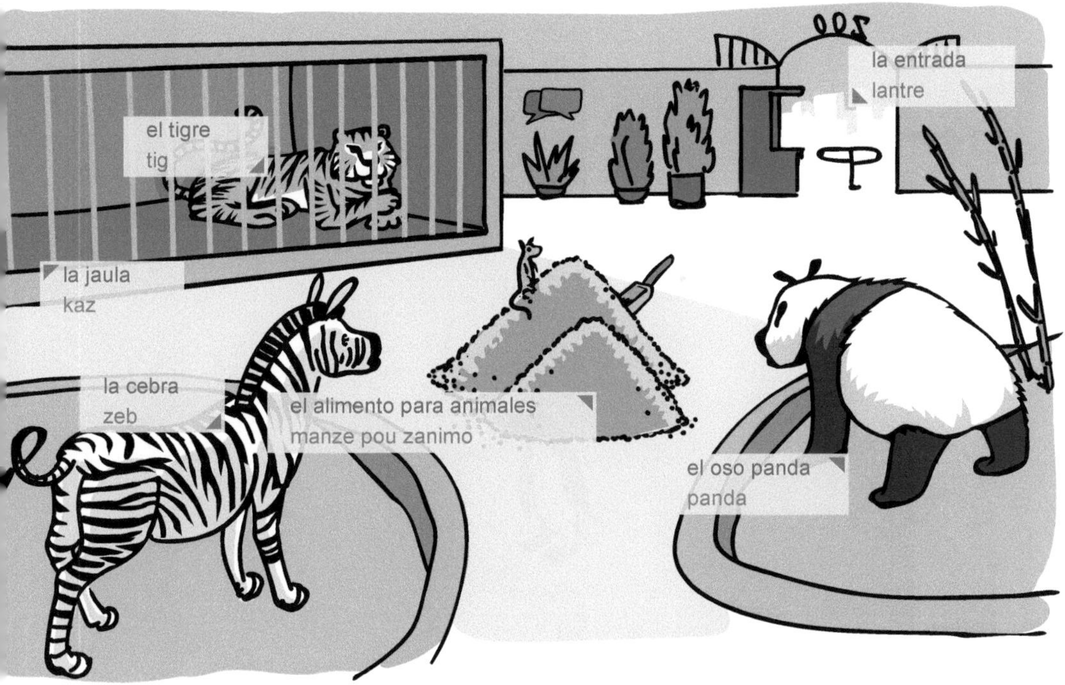

la entrada
lantre
el tigre
tig
la jaula
kaz
la cebra
zeb
el alimento para animales
manze pou zanimo
el oso panda
panda

los animales

zanimo

el elefante

lelefan

el canguro

kangourou

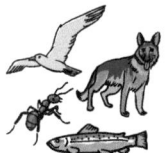

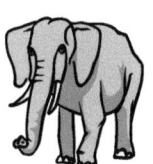

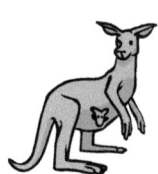

el rinoceronte

rinoceros

el gorila

gori

el oso

lours

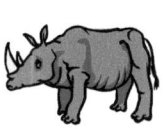

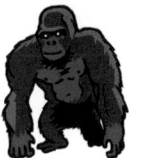

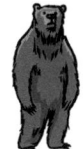

el camello

samo

el avestruz

lotris

el león

lion

el mono

zako

el flamenco

flaman roz

el loro

peroke

el oso polar

lours poler

el pingüino

pingwi

el tiburón

rekin

el pavo real

pan

la serpiente

serpan

el cocodrilo

krokodil

el cuidador del zoológico

gardien zoo

la foca

fok

el jaguar

zagwar

el poni

poney

el leopardo

leopar

el hipopótamo

ipopotam

la jirafa

ziraf

el águila

leg

el jabalí

sangliye

el pescado

pwason

la tortuga

torti

la morsa

mors

el zorro

renar

la gacela

gazel

el fútbol americano
foutborl ameriken

el ciclismo
siklism

el tenis
tenis

el básquet
basketball

la natación
natasion

el boxeo
labox

el hockey sobre hielo
oke lor gazon

el fútbol

foutborl

el bádminton

badminton

el atletismo

atletism

el handball

handball

el esquí

ski

el polo

polo

las actividades
aktivite

saltar
sote
abrazar
maye
reír
riye
caminar
marse
cantar
sante
soñar
reve
rezar
priye
besar
anbrase

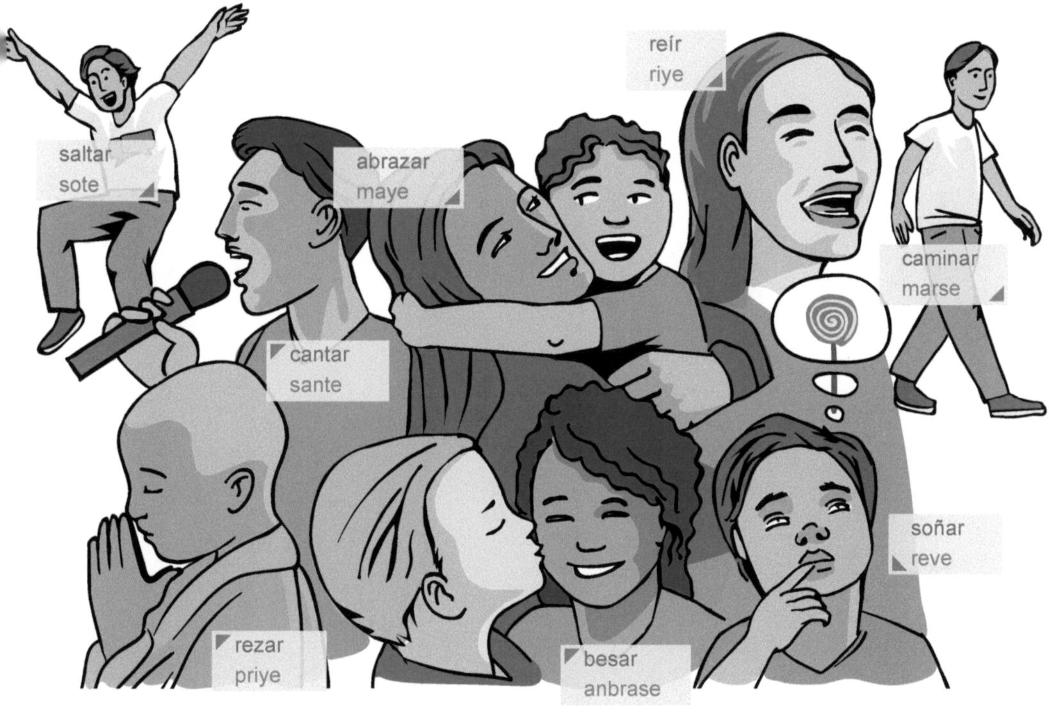

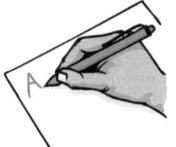

escribir
ekrir

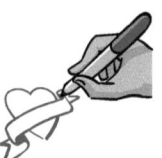

dibujar
desine

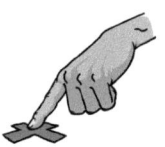

mostrar
montre

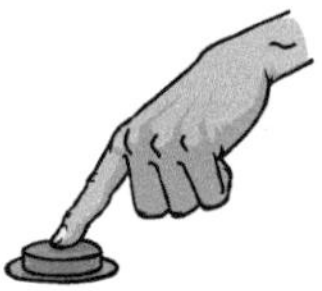

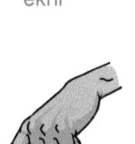

presionar
pouse

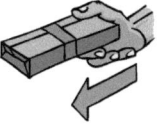

dar
done

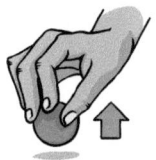

tomar
pran

tener

ena

hacer

fer

ser

ete

estar parado

diboute

correr

galoupe

tirar

rise

tirar

zete

caer

tonbe

estar acostado

alonze

esperar

atann

llevar

amene

estar sentado

asize

vestirse

abiye

dormir

dormi

despertar

leve

mirar
gete

llorar
plore

acariciar
karese

peinar
pengne

hablar
koze

entender
konpran

preguntar
dimande

escuchar
ekoute

beber
bwar

comer
manze

ordenar
netwaye

amar
kontan

cocinar
kwi

manejar
kondir

volar
anvole

navegar

fer lavwal

calcular

kalkile

leer

lir

aprender

aprann

trabajar

travay

casarse

marye

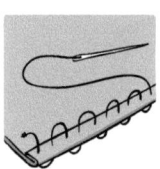

coser

koud

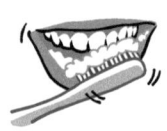

cepillarse los dientes

bros ledan

matar

touye

fumar

fime

enviar

avoye

la familia
fami

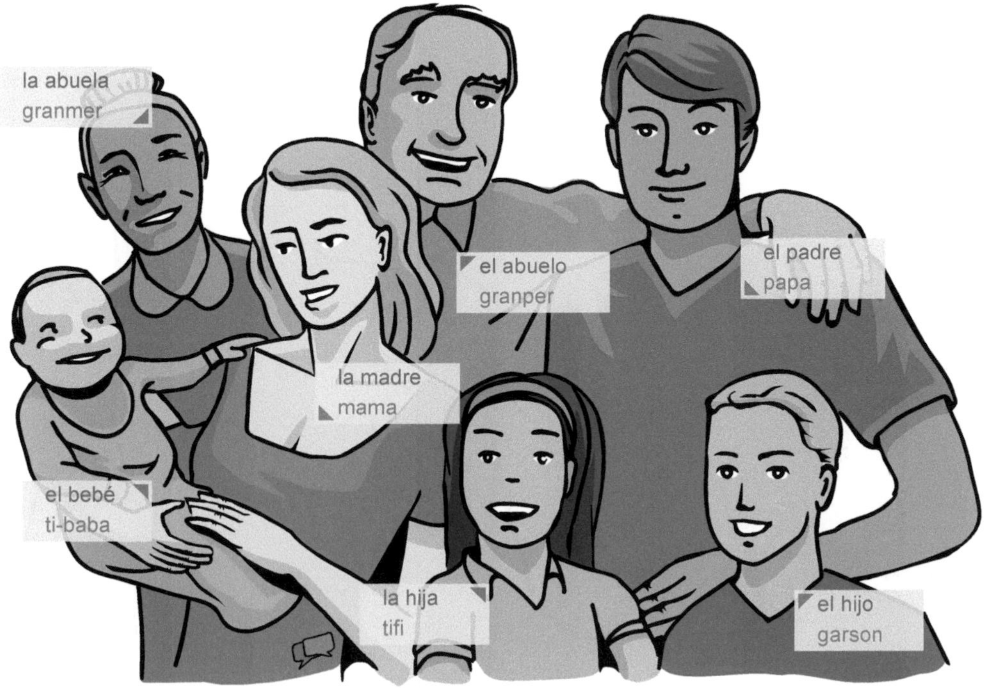

la abuela
granmer
el abuelo
granper
el padre
papa
la madre
mama
el bebé
ti-baba
la hija
tifi
el hijo
garson

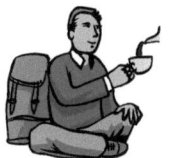

el invitado
ot

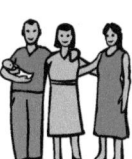

la tía
matant

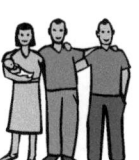

el tío
tonton

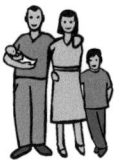

el hermano
frer

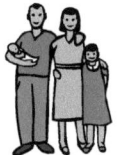

la hermana
ser

el cuerpo
lekor

la frente
fron
el ojo
lizie
la cara
figir
la pera
manton
el pecho
tete
el dedo
ledwa
la mano
lame
el brazo
lebra
el hombro
zepol
la pierna
lazam

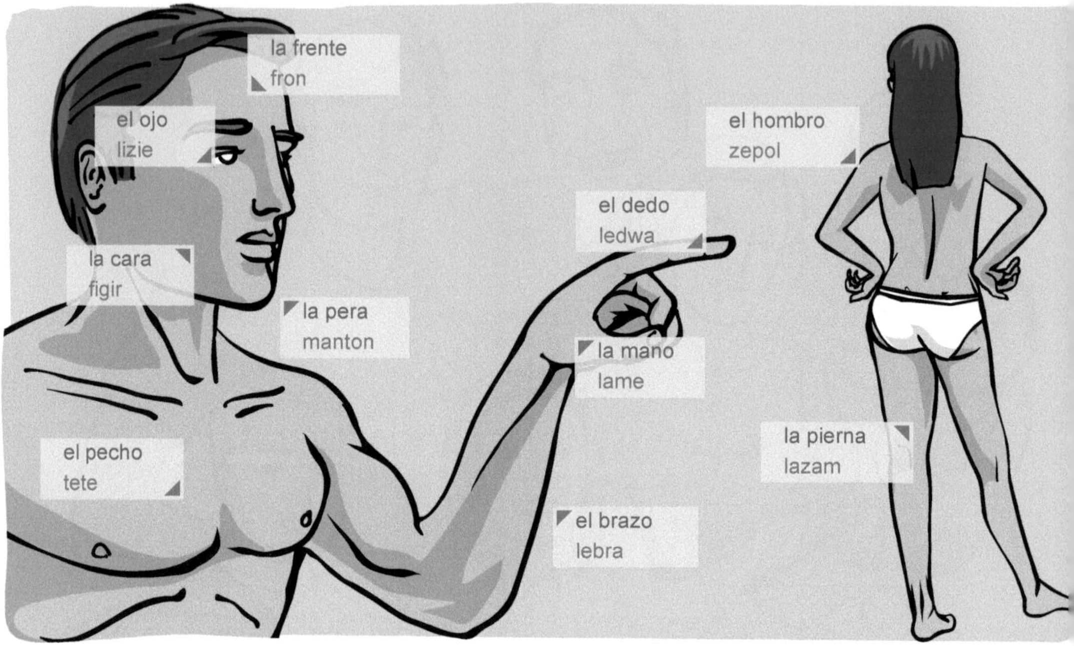

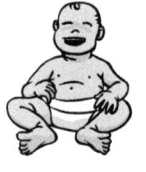

el bebé
ti-baba

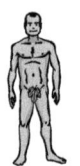

el hombre
zom

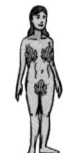

la mujer
fam

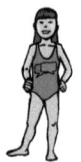

la nena
tifi

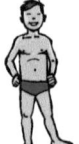

el nene
ti-garson

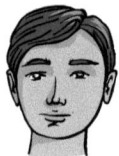

la cabeza
latet

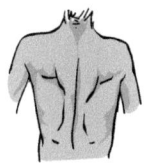

la espalda
ledo

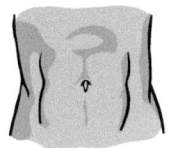

la panza
vant

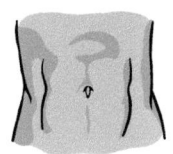

el ombligo
lonbri

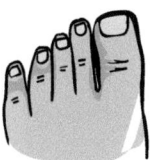

el dedo del pie
zortey

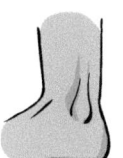

el talón
talon

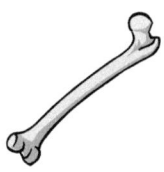

el hueso
lezo

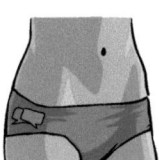

la cadera
laans

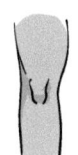

la rodilla
zenou

el codo
koud

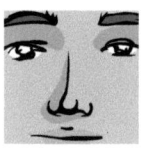

la nariz
nene

la cola
fes

la piel
lapo

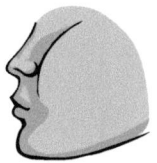

el cachete
lazou

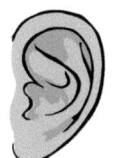

la oreja
zorey

el labio
lalev

la boca

labous

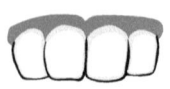

el diente

ledan

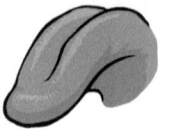

la lengua

lalang

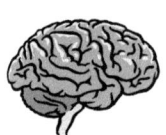

el cerebro

servo

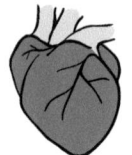

el corazón

leker

el músculo

mix

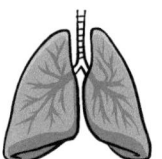

el pulmón

poumon

el hígado

lefwa

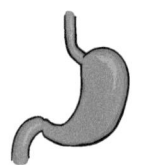

el estómago

lestoma

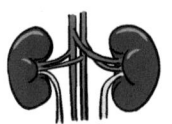

los riñones

lerin

el sexo

sex

el preservativo

kapot

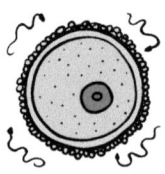

el óvulo

ovil

el semen

sperm

el embarazo

groses

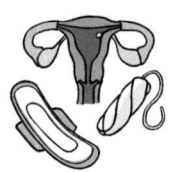

la menstruación
period

la vagina
vazin

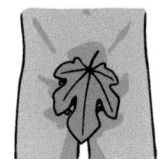

el pene
penis

la ceja
soursi

el pelo
seve

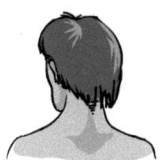

el cuello
likou

el hospital
lopital

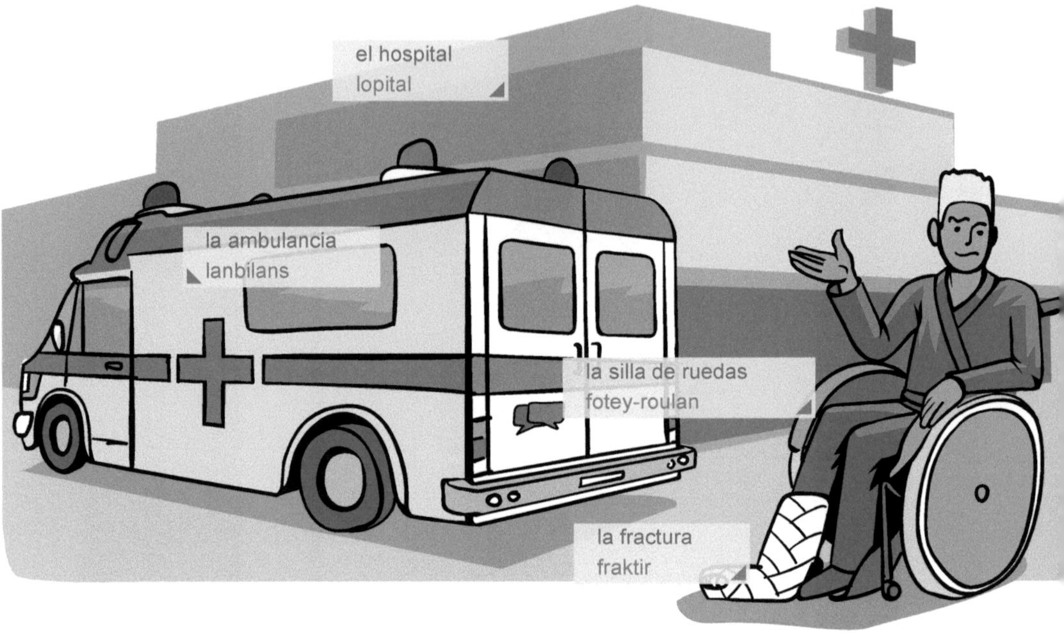

el hospital
lopital
la ambulancia
lanbilans
la silla de ruedas
fotey-roulan
la fractura
fraktir

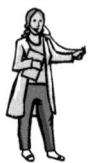

el médico

dokter

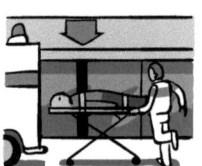

la sala de guardia

servis irzans

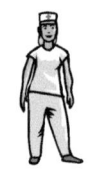

la enfermera

ners

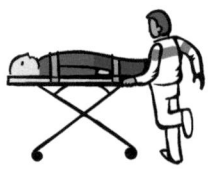

la emergencia

irzans

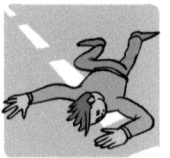

inconsciente

inkonsian

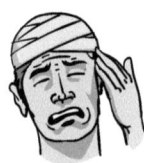

el dolor

douler

la lesión

blesir

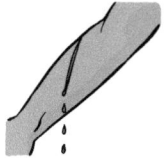

la hemorragia

emorazi

el infarto

kriz kardiak

el ACV

atak serebral

la alergia

alerzik

la tos

touse

la fiebre

lafiev

la gripe

lagrip

la diarrea

diare

el dolor de cabeza

malad latet

el cáncer

kanser

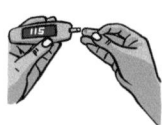

la diabetes

diabet

el cirujano

sirirzien

el bisturí

skalpel

la operación

operasion

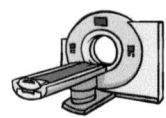

la TC

CT

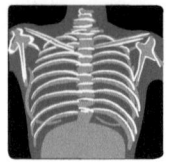

los rayos x

x-ray

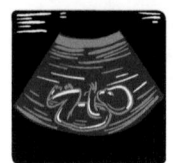

la ecografía

iltrason

el barbijo

mask

la enfermedad

maladi

la sala de espera

sal-datant

la muleta

beki

la curita

pansman

la venda

bandaz

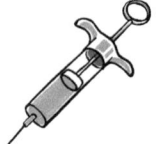

la inyección

inzeksion

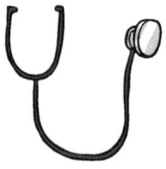

el estetoscopio

stetoskop

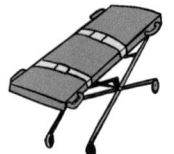

la camilla

brankar

el termómetro

termomet

el nacimiento

nesans

el sobrepeso

sirpwa

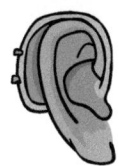

el audífono

laparey oditif

el desinfectante

dezinfektan

la infección

infeksion

el virus

viris

el VIH / SIDA

HIV / SIDA

el remedio

medsinn

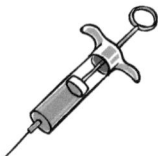

la vacunación

vaksinasion

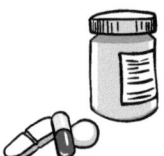

los comprimidos

konprime

la pastilla anticonceptiva

pilil kontraseptif

la llamada de emergencia

korl irzans

el tensiómetro

laparey tansion

enfermo / sano

malad / bien

¡Ayuda!

o-sekour

la alarma

alarm

la agresión

atak

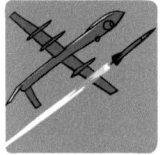

el ataque

atak

el peligro

danze

la salida de emergencia

sorti de sekour

¡Fuego!

Dife!

el matafuego

laponp dife

el accidente

aksidan

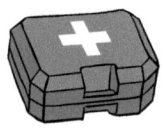

el botiquín de primeros
auxilios

kit first aid

el SOS

SOS

la policía

lapolis

Europa

lerop

América del Norte

Lamerik di nor

América del Sur

Lamerik di sid

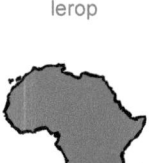

África

Iafrik

Asia

Iazi

Australia

Iostrali

el Atlántico

Iatlantik

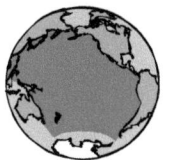

el Pacífico

pasifik

el Océano Índico

Iosean indien

el Océano Antártico

Iosean antartik

el Océano Ártico

Iosean artik

el polo norte

Pol Nor

el polo sur

Pol Sid

la Antártida

lantartik

la Tierra

later

la tierra

later

el mar

lamer

la isla

zil

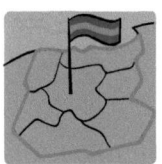

la nación

nasion

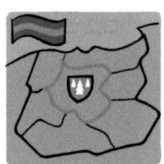

el estado

leta

la esfera

kadran

la manecilla de las horas

zegwi ler

el minutero

zegwi minit

el segundero

zegwi segonn

¿Qué hora es?

ki ler la ?

el día

zour

la hora

letan

ahora

aster-la

el reloj digital

mont dizital

el minuto

minit

la hora

ler

la semana
lasemenn

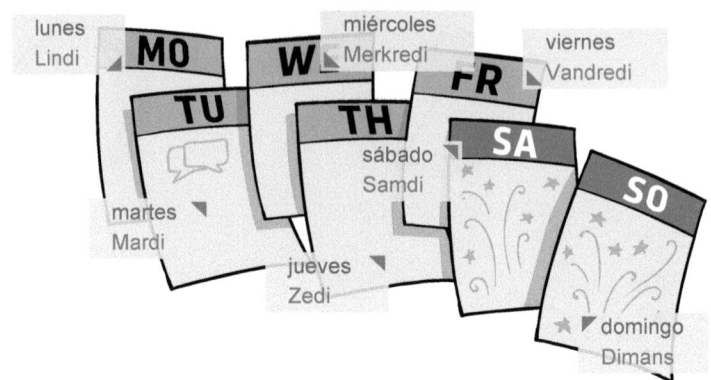

lunes
Lindi

miércoles
Merkredi

viernes
Vandredi

martes
Mardi

sábado
Samdi

jueves
Zedi

domingo
Dimans

ayer

yer

hoy

zordi

mañana

demin

la mañana

gramatin

el mediodía

midi

la tarde

aswar

los días hábiles

zour travay

el fin de semana

wikenn

el año

lane

la lluvia
lapli
el arco iris
larkansiel
la nieve
lanez
el viento
divan[
la primavera
printan
el otoño
otonn
el verano
lete
el invierno
liver

4.APRIL 11°
5.APRIL 4°
6.APRIL 13°
7.APRIL 8°
8.APRIL 10°

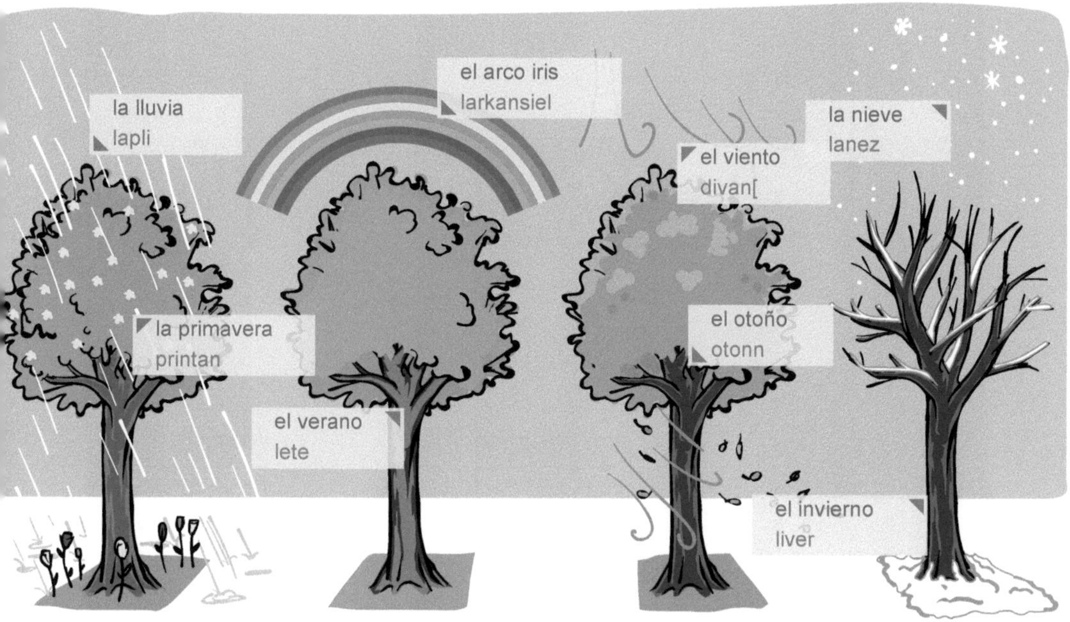

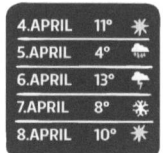

el pronóstico meteorológico

....

meteo

F C
120 90 60 30 0 -30
40 30 20 10 0 -10 -20

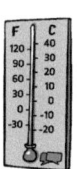

el termómetro

....

termomet

la luz del sol

....

lalimier soley

la nube

....

niaz

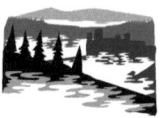

la niebla

....

brouyar

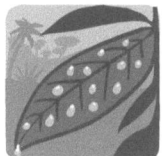

la humedad

....

limidite

el rayo

lafoud

el trueno

toner

la tormenta

tanpet

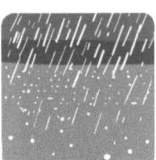

el granizo

lagrel

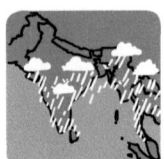

el monzón

mouson

la inundación

inondasion

el hielo

laglas

enero

Zanvie

febrero

Fevriye

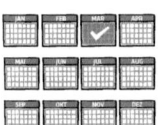

marzo

Mars

abril

Avril

mayo

Me

junio

Zien

julio

Zilie

agosto

Out

septiembre
....
Septam

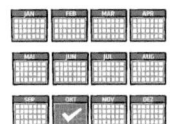

octubre
....
Oktob

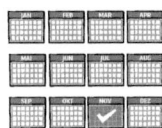

noviembre
....
Novam

diciembre
....
Desam

las formas
form

el círculo
....
ron

el cuadrado
....
kare

el rectángulo
....
rektang

el triángulo
....
triang

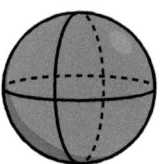

la esfera
....
sfer

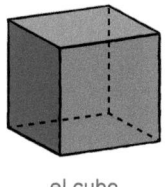

el cubo
....
kib

blanco

blan

amarillo

zonn

naranja

oranz

rosa

roz

rojo

rouz

violeta

mov

azul

ble

verde

ver

marrón

maron

gris

gri

negro

nwar

mucho / poco

boukou / enn tigit

enojado / tranquilo

ankoler / kalm

lindo / feo

zoli / vilin

el principio / el fin

koumansman / lafin

grande / chico

gro / tipti

claro / oscuro

kler / obskirite

el hermano / la hermana

frer / ser

limpio / sucio

prop / sal

completo / incompleto

konple / inkonple

el día / la noche

lizour / lanwit

muerto / vivo

vivan / mor

ancho / angosto

larz / sere

comestible / no comestible

komestib / inkomestib

malo / amable

move / bon

entusiasmado / aburrido

exsite / agase

gordo / flaco

gra / mins

primero / último

premie / dernie

el amigo / el enemigo

kamwad / lennmi

lleno / vacío

ranpli / vid

duro / blando

dir / mou

pesado / liviano

lour / leze

el hambre / la sed

fin / swaf

enfermo / sano

malad / bien

ilegal / legal

ilegal / legal

inteligente / estúpido

intelizan / kouyon

izquierda / derecha

gos / drwat

cerca / lejos

pre / lwin

nuevo / usado

nouvo / ize

nada / algo

nanye / kiksoz

viejo / joven

vie / zenn

encendido / apagado

demare / arete

abierto / cerrado

ouver / ferme

silencioso / ruidoso

trankil / for

rico / pobre

ris / pov

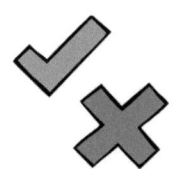

correcto / incorrecto

bon / move

áspero / suave

brit / lis

triste / contento

tris / zwaye

corto / largo

kourt / long

lento / rápido

lan / rapid

mojado / seco

tranpe / sek

caliente / frío

so / fre

guerra / paz

lager / lape

nimero

0

cero

zero

1

uno

enn

2

dos

de

3

tres

trwa

4

cuatro

kat

5

cinco

sink

6

seis

sis

7

siete

set

8

ocho

wit

9

nueve

nef

10

diez

distribiter biye

11

once

onz

12

doce

douz

13

trece

trez

14

catorce

katorz

15

quince

kinz

16

dieciséis

sez

17

diecisiete

diset

18

dieciocho

dizwit

19

diecinueve

diznef

20

veinte

vin

100

cien

san

1.000

mil

mil

1.000.000

el millón

milyon

bann langaz

el inglés

Angle

el inglés americano

Angle Lamerik

el chino mandarín

Mandarin Sinwa

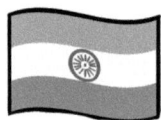

el hindi

Hindi

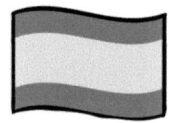

el español

espagnol

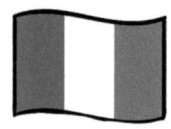

el francés

Franse

el árabe

Arab

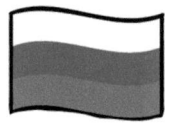

el ruso

Ris

el portugués

Portige

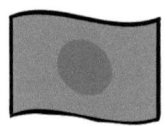

el bengalí

Bengali

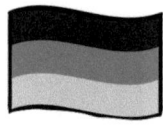

el alemán

Alman

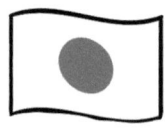

el japonés

Zapone

yo

mo

vos

to

él / ella

li

nosotros

nou

ustedes

ou

ellos

zot

¿quién?

kisana?

¿qué?

kiete?

¿cómo?

kouma?

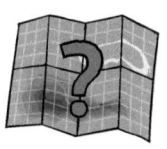

¿dónde?

kotsa?

¿cuándo?

kan?

el nombre

nom

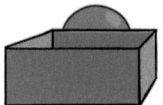

detrás

deryer

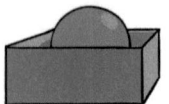

en

dan

adelante de

devan

por encima de

lor

sobre

lor

debajo de

anba

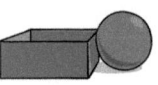

al lado de

akote

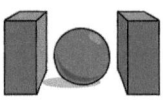

entre

ant

el lugar

plas